CHV

franz josef czernin

natur-gedichte

carl hanser verlag

3 2 1 98 97 96

ISBN 3-446-18740-5

Einbandgestaltung: Claus Seitz, München
Gesamtherstellung: Friedrich Pustet, Regensburg
Printed in Germany

Vorbemerkung

Die *natur-gedichte* stammen aus der *kunst des dichtens*, aus der 1992 unter dem Titel *gedichte* erste Fragmente veröffentlicht worden sind.

In einer Vorbemerkung zu den *gedichten* schrieb ich damals:

»In der *kunst des dichtens* gebe ich meinem Hang zum Enzyklopädischen und Systematischen nach.

Es schwebt mir eine systematische Erforschung der Dichtkunst vor, vielleicht – sage ich mir – mit dem Ziel, die eigenen Absichten in dem Entdecken oder Herstellen der Gesetze des Dichtens selbst aufzubrauchen.«

Das gilt auch für die *natur-gedichte*, sofern sie ein Teil der *kunst des dichtens* sind. Während ich aber in den *gedichten* einige verschiedenartige Verfahren beziehungsweise Erfahrungen erforsche und insofern auch verschiedenartige Fragmente dessen biete, was mir als systematische Erforschung der Dichtkunst vorschwebt, biete ich in den *natur-gedichten* in vielerlei Hinsichten nur eine einzige Erfahrung beziehungsweise ein einziges Verfahren. In jener Enzyklopädie oder Systematik der Dichtkunst würden womöglich alle 22 *natur-gedichte* nur einen einzigen systematischen Ort einnehmen.

Aber ist es nicht gerade diese Beschränkung, die es mitsichbringt, dass ich erhoffe, in diesem einzigen Verfahren, in dieser einzigen Erfahrung könnten alle anderen enthalten sein? Und wäre es nicht wiederum auf diese Hoffnung zurückzuführen, dass ich dazu neige, die 22 *natur-gedichte* als ebensoviele Anläufe zu verstehen, ein Mal für alle Male die ganze *kunst des dichtens* hervorzubringen?

*

Zu den eigentlichen *natur-gedichten* sind hier einige Gedichte aus dem Band *gedichte* (edition neue texte, Literaturverlag Droschl, 1992) hinzugefügt, die mir aus verschiedenen Gründen dazu geeignet zu sein scheinen. Die *Kleine Vor- oder Nachschule zur Ästhetik, auch der natur-gedichte* steht, wenn überhaupt in einem, dann auch im Zusammenhang mit diesen Gedichten, ja mit der ganzen *kunst des dichtens*.

natur-gedichte

»doch aus wie viel dunklen hunden
bellt die schwarze nacht
abgründig und wie tief!
– ach, wie windig und wie schief,
und durch welche katzen oder augen brausend,
leuchtet dieses bild
zug um zug
seinem schweif heim,
schimmert flug um flug und silbern auch
her unsern streif,
schwebend vor und nach
als dieser ganze horizont
so breit und immer noch so lange.«

zentrum

auf dieser kippe, schwankend,
erwandert, laufend, sich mein grat,
von der nächsten stufe dir
bis zur letzten linie zuzufallen,
zwischen unserm hang dazu
und jener anderen neigung

für die höchste spitze, steigend,
treibt, so bestürzend, sich dein gang
von der fernsten sohle
uns auf den ersten scheitel springend,
zwischen meinem grund dazu
und jener anderen aussicht

auf solchen schmalsten kamm, sich blasend,
erschwebt uns, aufgeschwungen, dieses land,
von meinem letzten schritt, so auszulassen,
bis dir zum nächsten ding dafür
und jener neuen wendung ganz.

totale

und es bläut sich leuchtend ein,
dass sich immer alles
ganz herum gesprochen haben wird;
wie im belämmern dieser wolken oder wogen
es mich öffnend mündet,
wenn der fernste, höchste zug
seinen letzten kreis zieht:
solchem scharfen auge spaltet sich
auch das nächste haar noch immer,
in den einen halm und die andere feder.

dass jetzt keine wimper zuckt mehr,
wenn es dann im flug vergehen wird,
wie so ganz, und dem besonnen,
blendend jeder sinn erstarrt in dem gesicht
und mit der brandung weit und breit:
ach, herein, hinaus zu schneien durch das,
was mir so gedämmert hat,
mit samt diesem anderen hang dazu
und jeder neigung so beliebig,
also gänzlich abzugrasen, ringsum
in allen den gerüchten,
in manchem dunst so blau.

davon verschwimmend all dem fell,
dass die bunten äpfel stets
werden gesunken in ihr weisses sein,
mich nach und nach zu erheben,
aus den dunklen höhlen,

während alle steine immer noch
zu tropfen so beginnen:
auch ungeschoren über diesem kamm
nicht nur von hohen wellen oder tiefen bergen,
dreht dies das ganze nahe bild, das wir werfen,
aus sich gezeichnet dauernd schon
in solcher ersten, letzten linie?

globus

und wieder werden all den gründen,
pfade plötzlich überstürzt sich haben,
wie ich auch, ausser diesem tritt, unter laufen mir,
so manchen boden gut wie schlecht zu machen;
dass zurück die vielen trümmer sind geblieben dort,
unbeweglich darin gipfelnd nun,
ungeraten hier für immer sind getürmt gewesen,
oder bis so heiss den stein nur ich
werde sprechend aufgeworfen haben:
was jetzt gerade und auf ein mal,
sich mir so zuckend eingeschlagen hat,
weit auch ausser diesem atem,
wird an welcher sache haken dafür nicht sein?
so etwas stets auch abzugrasen oder auszuhöhlen bleibt
durch manche breiten oder gänge,
ein zu räumen so verrollt,
zwischen stillen wänden gehend hoch,
doch nach und nach erschliessbar auch,
über diesem, meinem hang dazu, oder aber
es wird plötzlich eingehämmert worden sein:

einmal heftig ist es auch zu seiner stelle ganz,
jedem wild und, legend aus so tief in all das zeug sich,
an unserer kreuzung aufzugehen
für solchen wechsel und in rauch und staub,
ein sich holend und auf allen fersen also,
gefahren schrecklich so in vielen knochen;
oder aber während dessen auf der schwelle hatte sich bedacht,
hat sich schliesslich ganz gedämmert und verankert,

nicht nur versinkend wieder, sich verklopfend
hinter all den giebeln und den häuptern.

dagegen wird kein kraut zu welken sein, zu wachsen?
welche züge steinern, so belämmert,
scheren dennoch ungewohnt noch aus uns hier?
längst auch an all den anderen orten auszuweiden,
hat voraus geworfen sich dein schatten, lang und immer länger,
in dichten herden, wolken oder worten dunkelnd:
so fern und ständig es gefolgt dem haben wird,
all den ketten oder linien treffend,
doch auch weit und weiter zu entfallen,
du, nagel so genau wie kopf,
aufblitzend zu dem fernsten punkt
verkrümelst springend uns so selbst,
alles aus den angeln immer aufgehoben wieder.

silhouette

als ob es sich zu mir verdonnern würde!
alle wetter, selbst in dieser ferne
so erstaunlich leuchten,
dass es wird hoch gestiegen sein
und zu manchem kopf!
hin und fort, so über zäune oder zähne,
länder oder zungen redend,
wege aus zu kehren wieder sind geschweift;
stürmisch über diesem kamm geblasen
brennen solche lippen auch auf andere blüten,
kurven tragen schwindelnd sich aus spuren über frei,
auch durch schwellen da zu bergen manchen satz,
und wann nicht so leer entlegen schliesslich.

auf dass, auf einem sprung dazu zu sein,
sich uns der ganze grat erwandert,
all dem langen klingen diese schneide,
wie mir plötzlich aufblitzt,
aus welcher vollen kehle schlucht:
jetzt hat das ganze land sich
auf meine spitze so getrieben,
wird erschlossen das auf der letzten zunge liegen hier?
alles reisse sich endlich gültig um so,
völlig ungehalten, doch für dieser augen blick,
wie es blendend ganz und gar bestürze;
und die krone, das ist der gipfel, rollend
sich immer so mit unserm schädel kreuzt,
wirkend deutlich gegen deinen so wie meinen himmel?

passage 1

wie dieses tiefe, stille wasser sich
in hoher ferne brechend überschlägt
als ein flüchtiges gewölk,
bereitet sich der sturm
in einem auge, einem glas,
um zuletzt aus jedem mund zu pfeifen:

wie nebelhaft ist solcher dunst und blau!
– in diesem letzten loch von einem ding
spiegelt blind und taub sich,
was das ohr, was die trommel
aus den fernen, hellen muscheln schöpft,
dass so offen jetzt dafür
etwas hält das nahe maul.

ein wie ausgeschenkt, voll bis zum rand!
– wie diese laute, hohe woge sich
in nächster nähe übersetzt,
um als ein land so fest und licht
ganz mir in solcher luft zu liegen,
doch als diese fremde, stumme zunge
in die weite mündend auch.

erosion

äusserst schwankend das,
und es verläuft sich türmend
dieser tritt uns, oder schwenkend,
doch in ständig, auf das leere auch hinaus;
dass es sich, so verstiegen nach und nach
wie da plötzlich aufgeflogen,
in zerstreuung jede blösse wieder gebe;
für manche reihen, maul und hügel,
kaum nur damit fraglich aufzuwerfen,
wälder weisend, dann und dort gelichtet,
sind wir geschnitzt aus keinem ganzen stein,
bin ich gehäuft und säumend zwischen gründen oft;
auf welchen wegen aber, auch so krumm verzweigend,
wird dann durch diesen splitter allem damit aufgeräumt,
tief im eigenen balken jeder glanz geschürft?

selten kann der vogel selbst sich zeigen ganz!
– völlig arm wie blindlings ausgestreckt,
und welcher esel jeder brücke,
last ins weiss versenkend, nebelhaft,
fort, von keinem fleck will kommen uns es;
doch es entspringt sich damit auch
dieser schritt jetzt mir, oder lenkend,
dass dies auf die stirn zu schreiben
immer stehen bleibt,
gleich so wiegend stück und auge
oder schwingend zungen zwischen ländern;
weit ich in all die trümmer gehe hin dir,
in hohen bögen über,

in die köpfe wie die bretter,
bis auch jeder kiesel einmal
auf jedem andern felsen
wird gestanden sein.

im zenith

um mich weithin auszugeben ganz,
doch, aus vielen gründen, auch dafür,
pfade zweigten ab einander,
so sich über kreuzend, setzend alles das,
wie ich mich stets vergangen habe
in dem fernen schnee und holz,
den ersten linien oder auch den letzten jahren;
zu mir sich schwingend auf in ringen,
verläuft es wieder sich zu kehren,
bis über diese leeren, weissen felder ziehend,
manchmal geflügelt damals,
oder bald an heim zu stellen so,
jetzt auch ganz mein eigenes blatt,
dann so verblümt dabei und dort,
zwischen ländern und den strichen schliesslich
dennoch plötzlich unter strom und band,
als ich in diese weite, breite mündung stieg
oder endlich platze auf der schwelle nach und nach:

auf einmal landet da ein solcher schlag,
aber immer tiefer, höher sich entsprechend noch,
all die gezeiten breit, und doch im ohr zu haben,
lange somit schwebend vor durch laub wie flocken,
verschmolzen flüchtig zwischen dieser tür jetzt
und beiläufig mit wie vielen angeln:
als eine karte oder jede küste,
eingeräumt und ausgelesen,
wird es sich teilen immer noch,
in dieses wasser und in meinen fall,

und wie erstaunlich auch aus all den wolken!
denn auf wessen sohlen oder wink
werde gipfelnd ich mich nicht gescheitelt haben
in mein bares haupt, den blossen fuss des berges,
auch so ferne liegend hoch hinaus gewollt zu werden selbst?
wie jede farbe herzlich ist bekannt, aber wechselnd noch,
mir herein und auch hinaus zu schneien,
dass es gestochen hat ins auge blendend jetzt:
immer dann und dort das auszuzeichnen so,
stets all die zungen spalten, die zelte brechen ab sich,
auch in dieser, meiner spitze,
und auf welchen rechten, weissen fleck
zu zählen und zu treffen nicht?

formation

uns dann ein wie auszuatmen
als diesen rauch, und wieder jenen hall,
bläst der eine oder andere ruf,
so in welchen wald und wie zurück,
mir sich leibhaft gleichend auf,
auf dem langen kamm der welle längst entfernt,
sprechend doch in diesem sog zu kehren wieder
wie auch tätlich aus sich stossend, holend;
so gezeitigt, war manchmal zu bestellen hier ein feld,
oder bleibt auch häufig noch zu räumen,
bis dieser rauhe hauch beschwichtigt
wird sich glättend damit ausgewogen haben,
dass ich einmal, tief in welchem bild zu sein,
werde darin sehr verflossen werden,
bis zur letzten flocke aufgelesen uns,
aus wie an gerichtet nach und nach,
wörtlich damit schliessend,
dass sich das setzt auch aller stille gänzlich aus:

jetzt nur es lassen steigen uns,
einander so bedingend mich,
oder sachlich drehend durch und durch
all die schwärme von hügeln,
schwindelnd das zu überstürzen
oder aufzuschaukeln frei entsetzt;
rudel von wipfeln und auch kronen,
dazu auf uns schwingend,
schweben einzuleuchten vor,
wie auf sich genommen wird davon die schaufel,

es in staub und wolken über all die haufen werfend,
vielleicht so hoch als schaum zu munden,
doch auch nach und nach zu graben
wie, nicht nur geflügelt, in die dunkelheit
tief herein zu schürfen, zu fragen weit hinaus:
wird allzu bunt es nicht sehr bald geworden sein
all den bänken längst,
werden sie nicht umgestürzt schon
dann und wo in ihre nebel grau,
türmend zu verduften uns
auf dieser letzten kippe?

gipfel, gespräche

wälder von gestein,
die sich biegen, brechend
mir die ganze mähne
aus all den zweigen oder zacken,
denn für diesen hohen berg
steige lebend ich noch,
doch auf meinem grossen fuss, ja spruch auch;
sich selbst gelaufen sein und über diesem weg,
so zu erstarren rein und klar,
stockend mitten im bestürzen schon,
sträubt es mich, bis in den ersten halm,
wie um das letzte haar, seinem feinsten riss,
spaltend einen ganzen scheitel jetzt:

dass die felsen, die sich höher bäumen,
mich verblasen zwischen diesem grund und jenem gipfel,
entlauben nahe sich die steine glänzend
schicht um schicht in fahnen,
mancher krone, vielem staub,
ferne, doch hindurch zu locken auch,
ein beschneites haupt so aufzuwiegen
korn um korn so wahr daran:
denn es hört nicht auf,
mich immer weiter zu verästeln
oder aber mich dem völlig einzubrocken,
aus jedem freien himmel so gekämmt,
von dem huf bis zu der mütze solches schmettern.

verwitternd immer, nach der eignen nase,
ist der schiefer völlig eingezogen:
zaun ist pfad, durch winken pfad auch pfahl;
dass es dafür meine ader hat,
mit dem schimmer davon stets zu wachsen war,
jedes horn versprechend sich,
da ich mich selbst verschmerze,
aber wild darauf, verbeisse zahn wie gras:
wem wird ganz an heim sich stellen alles,
und was wird wie allein geleuchtet ein,
doch uns damit sich haben auch herausgeschält?
ungeheuer deutlich macht sich jetzt
diese spitze bis zur wurzel?

panorama

der ganzen karte körper
bleibt immer nun entfaltet schon,
lebhaft wo an dieser ersten linie,
an jenem scharfen grat zuletzt von dingen,
bis spät in deinen fernsten zügen liegend dann,
da zeitig aufzubauschen was zu jedem raum,
früh mir auf manchen leib geschrieben dort auch;

ja auch jetzt, da die woge, aus stein um stein gesogen,
sich rundum anschickt bis zu solcher schwelle,
wird es mich verdunstet haben immer in das blaue,
ob dann kamm den meeren, oder hier den bergen rücken;
für dies vernageln kopf, und doch auch scheidend scharf,
manchmal schwer und grau wie blei zu stiften,
lassen all die finger so von uns,
da zu haben manche stirn, manchen grund dazu,
uns auf alles ganz von selbst zu zeigen.

oder es hat längst gesägt, gestellt mir klar heraus
den fels aus scharfen zacken oder nerven,
zeichnet aber dunkel auch gerüchte aus
von laub und wäldern noch,
bedacht uns häufig unter schiefen bahnen,
doch in diesem brechen redlich frei zu haben:
so wird hier mein schweiss verzapft, dein fleisch,
und zu suchen im versteinern diese miene dennoch gut dazu,
schweigen namen höhlen, sich bewahren so,
bis dann höher über stiegen, nicht nur einzustufen,
damit ausser band und rändern aus sich breitend,

schwindelnd auch, kommen all die spuren
zurück darauf, den gipfel schliesslich wieder:
dass die volle einsicht reifen wird
und jeder plan genauso kalt und klar,
wie danach es sich heiss verzehrt hat,
in der blume bergend und dem eis,
als all die ausschau, angehalten so,
wird sich stets gerollt uns haben völlig auf,
welche sache so zu drehn nicht ganz?

der pass

auch auf dem langen, schmalen grat der wächte
brausend, gleitend aus und über dauernd,
erstarrt der eine laut, schon verschrieen,
doch in diesem hauch noch immer auszubilden,
dass ich mich endlich ganz verzapfe
bis zum letzten tropfen oder kiesel:
auf der höhe, und auch unter wandern dies,
solche glocke stets zerspringt,
sich verdonnernd in den dunst so blau;
also hat es eisig weiter sich verblümt
doch ohne einen rand, noch first,
mich aus zu setzen überall,
bis zu jeder neige, zu erfassen ohne boden!

was aus einem solchen guss zu türmen,
nicht damit alles doch bleibt, im begriff, hier in fluchten
aus zimmern oder höhlen dir zu hallen wieder,
und, zeltend plötzlich selbst, der hohe himmel
oder herab davon auch jede andere farbe,
rundum versprochen hatte sich;
mit dem sturm wie dem sturz
längst wird es schneien
in dem ganzen glas herein, hinaus,
und die wände, brechend
stehen gemalt dir immer noch
zu schreiben schrecklich ins gesicht,
verloren und so weiss;
wie da wird plötzlich flockenweise geschwebt
all der staub uns haben vor, der sand,

aus dem gemacht wir uns,
und jedes korn so wahr,
das mich einzeln, und zu schliessen,
auch wörtlich einmal hatte eingeräumt,
eigentlich der ganzen decke
bleibt aufzuheben sachlich in der tat.

in einem boot

aber wasser spielend berge türmen auch,
aufrecht in jedem solchen wirbel
strahlen zu manchen säulen sich versteinern;
damit werden wir gedreht, so leicht, so schwer
uns selbst aus vielen andern sinnen nicht gegangen,
denn manchmal krumm von vielen dingen oder wegen;
jetzt alles so darin, sich die eimer meine esel reichen,
welche bis zum schwinden schäumen,
und die andern tiere oder flaschen überbrücken;
dass ich, unvergesslich, darin gipfelnd,
zwischen weiten, breiten feldern,
über ebenen so fern und leer,
in solches glas uns schaue tief
alle wetter und ihr leuchten.

wein für wasser, wasser für den wein,
und hinein, hinaus mit einem ganzen schlag verzapft!
nach und nach fallen glänzend
alle diese worte
ins gewicht
meines hohlen tropfens stets,
deiner hohlen nuss,
sachlich einzig und allein deshalb;
ach, mir selbst zu kopf zu steigen, ihn zu kosten,
doch zu stehen damit manchem zu gesicht,
in diesem schönen, guten überschwang und fluss
die ganze kehle auszuschütten mit dem baden:

wellen brechend oder augen,
an diese nahe, weite brust genommen und geheftet,
wie da die hohe see ihre grossen hunde bellt,
so knallen uns die fernsten körper völlig wieder;
und solcher boden wie sein satz,
grundlos fast und schwindelnd auch,
kaum ein mal ein fass,
verdonnern herzlich mich dazu,
klar und rein dies alles einzuschenken,
um schliesslich jeglicher art nach
aufzublitzen diesem himmel uns.

firmament

während all die wälder dort verebben,
auch zu einem kahlen wipfel uns verdonnern hier,
überflutet dies gebirge welchen eignen kamm,
sich über so im schwange tragend stets,
dauernd auch an meiner sohle zu erstarren,
dass mit dem schaum vor jedem mund,
dem aufgeschaukelt, aber an sich haltend,
wände gegen wände reden oder gehn
einander hoch und durch, in rauch und wolken fliehend;
auf die spitzen und umher das treibt sich
überstürzt und dann versunken wieder klingend,
immer im begriff, gründlich durch uns zu brechen,
und sich steinern macht die miene gut dazu,
ob jene wanderung, oder dieser grat,
durchwegs lange sich und weit entfaltend:
denn in jeder letzten linie es dazu hat
auch meine stirn so glatt und eisern,
stets dennoch in dem heissen tropfen auszuhöhlen.

wie schüttet es uns dann auf und herzlich aus,
mitten im gerinnen solcher welle,
scheitelnd pünktlich jetzt
in dem schwall von wächten oder andern worten!
auf dem weiten, breiten tisch
aus diesem einen guss und strahl
wird immer alles auszubaden,
aufgedeckt so kalt und klar,
sagend in das gesicht, auch ganz verloren,
und aus allen enden, allen ecken himmelnd an:

zu sein in welchem bilde nicht auch tief,
und durch welche lücke dennoch, läufst du
über ganz mein auge sehend, jeder sache,
dass sich, rollend durch sich selbst allein,
an aller stelle ganz zu blauen, unsres
doch auch plötzlich so zu heften bleibt.

passage 2

über steine, über stöcke,
bis sich alle meine glieder strecken,
so weit, wie all das ferne wasser
diesen nahen wein so sehr.
gefahren!, ach, gefahren werde ich
aus der ganzen haut so langsam,
die sich noch immer schrecklich schlägt
aus jedem fell, aus jedem fall
von falten und von wellen.

gespannt vor welchem karren
mit dem wagen!, ja dem wagen,
ohne fässer, ohne böden
so gedehnt zu sprechen,
wie so lange und so breit
mir erzählt es wird;
– an diesem faden tief,
an welchem hohen tau so sehr?;
ach, von den kuppen hinter allen hügeln
und zwischen diesen fingern,
durch die dies alles sieht
auf ein mal bis zur mündung
so geronnen:

all dem staub von fluten leuchtet ein es,
einzig in diesem korn erstarrend,
jeder sache ruf sich traut, ach traut
zu welcher traube kern noch auszulesen?
dass inzwischen solcher kluft

jeder stab darüber jetzt,
bis zur neige immer so noch
wird gebrochen worden sein,
da es mich in diesem letzten tropfen
wie gut verzapft zu werden scheint so schön!

figur

dass einsam ich einmal, nämlich uns entlegen auch,
fliege oder falle selbst mir völlig auf und zu,
vorschwebend dem, doch mit eurem satz zu folgen,
oder hallend nach so kalt
auf jedem blossen fuss auch gut zu stehen,
durch manche sohle, viele täler,
für diesmal all die türen offen haltend;
wie es, so erstarrend auf der schwelle, macht
mir sich aus dem ganzen staub,
und aus unserm schnee, immer auf dem sprung,
ganz zu versinken, oder aber zu versteigen sich.

dass dies selbst uns nimmt auf jede schaufel,
haufenweise über all die schultern hügel streuend,
hagelnd eigene fäuste,
die uns eisern zeigen im begraben
jede see, jedes land für solchen hund:
ein ganzer berg von eis in diesem licht,
unter welchen händen oder tischen wird entstanden sein,
mit samt all den schatten auf der seite,
diesem hang dazu, jener steilen wand,
deshalb in unsrer stillen kammer darauf pochend,
also längst und stets hereinzuschneien sanft.

doch auch aus vollen kellern oder kehlen
wird sich zur erhebung aufgeworfen,
um uns, im gerinnen, ein wie auszuschenken rein diesmal,
schwanend dem schon durch den eigenen hals
wie auch rieselnd durch die fremde flasche:

winterlich und unter weitem glas,
auch gehend unter solcher haut,
der tropfen höhlt und spannt sich,
bis das auge platzt durch diesen fernsten blick,
oder durch den immer nahen sturz
an die eigene brust zu nehmen:
es greift das haupt, noch im versteinern,
so hoch sich, und, aus dem haus geraten weit,
all unserer dinge erste, letzte linie
war schon längst zu drehen immer.

atlas

grund wird durch stein gelegt, dafür zu halten,
und sand so wahr als korn,
es bleiern darin ganz versenkend;
schwer in dem befrachten, taub auch,
kaum eindringend nur erbaulich,
wird es so jetzt immer wieder aufgestaut,
wie die fassung, quellend,
ausser uns zu sich gerät;
doch mir selbst als fernstes werk auch einmal licht,
in einem letzten strahl besonnen,
und bedacht verloren auch durch anderes zeug,
vieles auf der schwelle ringsum sich eindämmt;
denn beinahe ganz vernagelt das gesicht,
fest bestürzt zu zimmern ungewöhnlich sich,
mir nicht nur entgeht zu allen seinen lasten.

so dämmert sich das dunkel selbst noch einmal,
dem fluss die flaschen murmelnd,
oder über leitung oder setzung solchen bauch;
der arm von fernen strömen sei zu beugen,
oder, um so tief zu schürfen oder weithin einzubetten,
durch staub um staub zu lassen jede ader,
rinne, tropfen oder kiesel,
ich dir in diese hohle hand, die muschel,
steinern in die kammer, in das becken;
jetzt wird alles immer, und so rauh entsprechend,
aufgefangen werden, ausgeschöpft,
so schön benachbart finster ganz,
dass stets und gewichtig eingehämmert,

der pforte öffnend solche schlucht verbleibt,
heftig darauf auch zu pochen,
auszumalen doppelt zwischen all den böden uns.

zwischen solchem hohen zweigen
dämmert mir der tiefe wald,
leuchtet mir die ferne wendung ein,
die den ganzen plan durchkreuzt.

nicht nur einen schimmer davon habe ich,
wenn es durch die eigenen finger schaut,
unter dieser stillen hand
über dieses leere land zu zeigen
und die schöne, nahe säge zu verästeln
nerv für nerv.

ach, es deutet sich die nächste windung an,
wenn ich so an anderen nägeln kaue;
zwischen solchen losen blättern
schneidet man
sich den ganzen weiten weg ab,
dass auch in aller ruhe es
auf einer einzigen nadel sitzt,
um mich sich selbst so einzuhämmern.

roman

ich schlage auf dies fenster
klar und deutlich,
um ihm meine flügel zu verbuchen,
überfliegend selbst mich ganz,
wo es sich darüber auslässt:

über dächer so hinweg zu gehen,
über blätter, wälder so hinfort zu wenden,
dass die fernen züge weiter
sich in fernere höhen bläuen ein,
sich in höchsten weiten geben aus,
wie all das gefieder so verweht
gelöscht mit seinem letzten blatt.

ach, was mir am nächsten, fernsten liegt,
schliesslich war in jeder luft verduftet,
räumt die dunkle tiefe aus wie ein,
bis ein licht auf diese andere seite fällt:
deutlich und klar
schreibe ich mir zu
das schliessen mit dem ganzen band,
in solcher ersten, letzten linie
nach wie vor zu schweben namentlich.

äquator

das wasser steigt und fällt und stetig
höhlt den klaren stein zu meinem blick,
doch füllt auch meine augen an mit sand:
das pflückt die eine krone, krönt jeden brocken
mit vielem schaum und manchem schopf,
so nah und namentlich behauptet;
wie dem wind es sich in stösse packt,
mich in jeder ecke anzusiedeln,
unseren atem ringsum weithin erntet das,
stehend unbeschrieben aber auch
auf manchen andern blättern regungslos;
denn aus leeren, fernen zügen
von gebirgen und getreiden,
zwischen häusern oder zeilen,
sich häufig dieser schall
hinter allen seinen gründen reif
nach und nach von selbst stillt:
dann haben, hatten wellen wogen nieder auch gemäht,
während, brechend noch,
all die mauern rollen immer strände auf,
mit diesem satz zur zeit und so im flug
in hohen schwingen stürzend weiter zu vergehen.

ach, die hohe see von erden, furchen ziehend
durch die stirn, durch den ganzen felsen
jagend puls um puls, durch den tiefen schlaf;
so nach und nach gewachsen sein wird es,
dem schnabel horchend aus, dies gras,
und schlagend über all die köpfe

so bewiesen zelte blau und kalt;
wie es auch pflügt durch die mähne,
dass auf jedem hügel, in all den nestern
wird ein letzter tropfen jetzt verschüttet,
oder eine erste flocke hin und hergewälzt,
durch gerede und geröll herauszuklauben,
da jetzt ein kiesel oder solcher apfel birst:
ob auch gläsern diese ferne hier mit meinem sprung
wird über solchen ganzen sturm gestürzt?
dass die schmalen langen pfade oder nadeln
die giebel wie die gipfel kämmen oder streifen,
es über einen, über meinen finger peilen, diese feder!
denn ich nehme alles auf das korn, selbst auf mich,
und jedes wild bleibt sich verhoffend
und auf seiner ganzen strecke vorzuschweben.

horizont

wolken zu belämmern sanft, oder darin
sich schwanend, anzureissen wölfe,
so gedreht durch all die räder hungrig,
wird es aber rastlos maulen wieder,
machen nur aus all dem staub und fleisch sich,
aus wind um wind getürmt und so davon bekommen;
oder einmal über alle unsre lippen
längst genug gefahren sein,
dann daran doppelt wieder hängend,
an der kippe oder an den kirschen
nicht nur gut sich zu verzehren,
nach dem dunst von fernen, die entsprechen;
denn nur mit so hohen trauben,
höchsten tönen einzubläuen,
so mit dem einen langen, mit dem längsten atem
bringt es sich über unsre klippen sämtlich,
pflanzt sich weit und weiter fort,
fest mir das wort zu halten,
und sich an diesen nächsten halm?

es reift das heulen zwischen felsen, zähnen stets,
und in all der mündung auszustossen,
gerufen wirklich auch auf diesen plan;
blatt um blatt davor, danach,
wird bunt es zu entfalten sein,
wechselnd orte, farben schreiend wie bekennend,
kehlen oder kelche füllend,
doch auch umzustürzen korb um korb:
mit diesem hügel oder der erhebung,

wild nun wachsend in unser aller kraut und schnabel,
bis schmerzlich diese, meine wege
sich darin krümmend oder legend aus,
all die kreise immer grösser ziehen:
in einem höchsten bogen aufgezäumt,
von solchem schweif und bis zu jenem kopf,
wird einmal es nicht nur gewurmt mich haben immer,
doch in der gleichen windung, wendung,
als solche äpfel brechend jetzt,
tief in meinem schädel, welcher blüte,
auch geklaubt zu wollen glänzend hoch hinaus.

das dach

was wird welchen stein
geworfen haben wo zuerst?
so weit das blaue einmal
davon versprochen werden wird,
reihte und reicht sich, unsere kreise ziehend,
jetzt der dunst,
den ich nicht nur davon habe, hatte,
hoch und höher steigend anzuhimmeln das,
dann durch manches andere blatt gewendet sehr,
aber unter all den leeren tritten,
fehlend über losen reden auch,
schwindelnd so wie frei bedacht:
nicht nur eine oder keine silbe davon!
entgeisternd, doch nicht nur gesetzt in kräfte,
blieb es in diesem licht dabei,
auch in all die blinden körner zu zerbrechen,
in den staub aus solchen sachen oder kernen,
silbern und in jedem streifen ausgeufert.

waren dafür alle diese stücke, welche trümmer
fest gewesen so darauf zu halten?
uns in höchsten, fernsten zügen
endlich ausgeschweift zu werden,
häufend wie zerstreuend,
ist diese luft so rein,
wie das jetzt in ihr liegt, bleibend in jeder schwebe;
aber solcher klarheit sturz und fels
von der ersten bis zur letzten linie
auch umrissen ganz geronnen aushielt;

gläsern läutet solchem sturm die glocke noch,
dass es den wolken längst zerbrochen war,
fallend wir daraus verblüfft doch stets,
aus wie ein und ein wie ausgekehrt;
und der blick wird noch immer länger, breiter,
bis es sich, rund gegangen längst, auch schweigend,
nach allen seiten eingeleuchtet hat,
sich mein auge ausgebreitet hatte,
sein wird allem völlig abgeschrieben,
in all den höhen, weiten ruhend
wird geworden sein verschwunden ganz.

monument

aus sich selbst daran zu weiden gehen,
ja zu all den gründen tief und dicht,
ist da einmal unser wandern längst zum grat geworden,
während dennoch jedes haar jeden halm
wird schmerzlich so in diesem krümmen immer wieder zählen,
sich um und über kamm um kamm zu scheren
und weit darüber flügel wachsen hörend auch hinaus;
die fernsten hügel kreuzen dann und wann sich,
bald hier mit dem nächsten schritt: wie wir wiesen,
schwindend vielfach und doch deutlich
schon in jeglicher versenkung, sanft verblümend
weiss durch solches hemd zuletzt zu mustern!
der apfel und das auge rollen stets aus dir, in mich,
dornig und unwegsam, gestochen scharf ist diese stelle,
und bleibt dann aber fliessend so uns übersetzt zu haben,
dass die bänder blinkend weithin sprechen auch gewunden:
in das verduften oder türmen all die brücken
vergleichbar herzlich schlagen
oder einander himmel auf und zelte,
während dieses überströmen mich gebettet haben wird,
wie es dir dort und da daran gelegen war,
fühlend tuch und puls so zwischen schnee und wolken,
und auf solcher zunge noch zergangen da zu sein.

weit auch zu fallen ein von diesem stamm und
doch gefahren schrecklich nah in unsere knochen,
gehen überall die knöpfe auf, hoch die ganze saat,
und nicht nur mit meinem hauch davon;
jederzeit die gräser mit der herde

sich belämmert haben werden und zuletzt verbissen,
wo auf die spitze, auf den gipfel so zu treiben,
unsere hufe sich in solche füsse spalten,
sich mit fingern zeigend paaren wälder und der ruf hinein:
stürmisch höher wie hinaus darauf zu laufen,
machen wir auch selbst den dampf uns, diese luft,
vor den dunst so blau, stürzend das ferne glas
oder graben nicht nur nach einer schaufel,
dazu auch vergattert so wie angebaut schon längst;
dass jeder kiesel blühend immer wird geköpft
oder schwärmend hingemäht ist da gewesen jeder tropfen,
wie wir gesprungen waren doppelt stets
über klingen oder schneiden, so zu gabeln steg um steg;
wahr und pünktlich wird das korn daraus gedroschen werden,
der staub und diese, seine fahne,
platzend, um haupt und kragen, uns heraus damit;
all die adern haben mich und dich dafür, und zum besten,
haufenweise werden steine oder fragen uns gewogen werden,
auf der, aus der vollen brust und mit sack wie pack:
im begriff so stehen zu bleiben,
war das wasser immer hart gewesen bis zu diesem hals,
ob dieses dunkle fass ist auszulöffeln
mit dem ganzen boden oder diesem, unserem satz davon.

fünf landschaften

den himmeln länder weit wie leer
und auszubreiten,
strahlen alle strassen in die meere;
schweifen linien und verschollen
gebieten herzuleiten,
werfen wege in dem kreisen,
räumen sich ihr kreuzen ein
oder schwellen kehrend unter schwelle;
diesen gassen münden schichten über stufen;
schnellen gleiten unter fahrten, regen schnee
und wolken solchen schildern flucht und leicht
zu rollen allen hügeln wellen auf
welchen pfaden zu begrenzen.

see von längen, felder von breiten
und zuzurufen solchem strecken, welchen saum;
– es zerstreuen ströme sich in staub, in stein
allen wogen berge türmend,
dies vernebeln rändert weiten schwer.
ufer gipfeln ihren stränden,
es fallen orte über stellen,
oder ebenen bewegt auf sand und erden.
all die gelände dreht das landen den gebirgen,
und die zonen ziehen ihr gerädert werden
solchen schneissen, ihr geädert werden
in schwärmen hoch, und wettern leer
verläuft den bahnen zu entrücken.

den gewändern kleider lang wie breit
und aus zu falten oder an zu schneiden,
weben all die streifen in den mantel;
im verknüpfen flatternd,
säumend und verwirkt zu resten,
dennoch jedes leinen auszuspinnen,
glätten stoffe in dem mustern,
fächern sich ihr hüllen auf
oder schleppen spulen über schleppen ab;
sich so ein zu flechten oder an zu reissen,
taschen wendend, unter löchern, naht um hang,
und es rollen allen ärmeln bahnen auf
welchen jacken passend aus zu scheren:

die ganze kluft von längen, die breite der bänder,
und einzudecken solchen fetzen, welcher wäsche;
es verstricken nadeln sich in fasern, fäden,
allen seiden lumpen bauschend auf,
herauszuputzen dies entwickeln ganz;
solch entblössen trennt sich auf, die tücher trachten,
es zerschleisst durch kappen zwischen maschen,
oder mützen sind erstickt in garn und hemden.
all dies verschnüren schmückt, in ringen zu entschleiern,
und die wollen gürten ihr zu öhren werden
solchem schürzen, dies durch ösen scheinen,
zu schirmen hoch und hüten leer,
entbindet solchen schlingen auszubügeln.

dass die gewänder rauschend allen himmeln
fächern schwellen auf, entbunden so;
wie aus der breite stätten wallen,
kreuzend spulen ab die wege;
und so leer, wie lange aufzudröseln,
streifen all die strahlen strassen in die meere:
jedes leinen auszuspinnen auf den linien
und in mustern länder her sich leitend,
allen ärmeln bahnen rollen ein:

dass die ganze kluft, sich wolken raffend,
räumt die hülle ein in stufen so;
wie in die bänder weiten bügeln,
schneiden an die strecke strömend;
doch so nah wie träge auszufransen,
mündet solchen falten jede welle in den pfad,
wo aller saum durch schleppen so begrenzt,
und aus zonen eine faser ein sich reissend,
diesem loch die ebenen ausstreut:

an solche naht den strand zu knüpfen,
dass sich wickeln ab die stoffe türmend,
stiegen orten auf verflochten so;
und durch flecken rändern aus zu ufern,
jeder raum durch diesen mantel webt;
wie aus der ganzen wäsche stücke schweifen,
kreist das schmückend ringe ein,
fährt durch schlingen jedem strang in solchen fluss,
so bloss wie lose gassen ein zu fädeln:

ach, so fern und flatternd auf zu trennen ist!
all die see fährt jeden schleier in das tuch,
dreht sich schimmernd wogen auf das rad:
wie auf der spitze die gebiete platzen,
staub durch sand zerschlissen wird verstrickt!
und zu feldern schienen trachten so verlaufend,
knüpft die stelle so zu bergen wollen an;
allen taschen steine sich entwerfen,
dass den boden glänzend austrägt dieses kleid.

häuser, zeilen

wie die hohen hallen dem betreten
auf zu decken zwischen böden klingen an,
räumend jedem ausgang läuten ein:
flur um flur den türen zuzuschlagen,
flieht sich jede flucht von kammern:
ach dieser läufer zwischen allen gängen,
sich selbst als teppich auszulegen,
doch auch heimlich vor dem hang zu lücken;
lang und breit ist solches tor zu rahmen,
schwingend streichen aus sich all die wände,
zwischen flügeln bauscht das auf,
hängend gross an diese glocke sich
der ganze hohle bau; was schliesst dies dennoch ein,
in solchen engen zimmern zu verwinkeln,
was sich weiss als saal und leer?:

dieser stimme säule, so bedacht zu öffnen,
rund die mauern wieder gebend mit den breschen;
es türmt der ruf sich über wällen,
zwischen wänden, stuft das über leitern,
zu beziehen gerüste über treppen so,
und sich durch streben weiter tragend,
diese balken in dem hohem bogen auszuklinken:

wie es thront so leuchtend seiner zelle zelt,
oder ruht auf seinem sockel als der pfeiler,
um sich auch selber auszumalen bis zum first,

als die pforte zwischen allen stühlen;
blank kreuzt mit dem ganzen fenster
jede front, scheint dies zu entschlüsseln wieder:
was nimmt sich dieser wohnung giebel, keller,
auf der schwelle seiner selbst gekehrt,
weder nur erbaulich, noch auch eingestürzt so ganz?

die brandung

als all das haupt so glänzend
seinem schädel ganz entflammt das hohle,
wie von dem scheitel die erhellung
bis zur wurzel strahlend,
sich erleuchtend diesen leib bezeugt,
schimmert jedes gliedern durch den hauch,
nicht nur im sog des einen kopfes;
dass die äste glühen für die arme, beine,
und die finger, zehen durch die zweige glosen,
sieht diese zunge um sich greifend
in dem klären solche wellen so gebrochen:
nicht nur einem meer die flamme,
einen wipfel seufzend aufzuwerfen,
brennen auf die funken, fliegend,
durch das reden, das sich blendend reibt,
selbst in diesem spruch so aufzublitzen;
es wirbelt angefacht die säule hoch,
augen über augen in all den lustern
anzuzünden, schmelzend jedes bild
mit haar und laut in diesem einen blick;
in solchem heissen züngelt es entbrannt,
leckt in gestalt des eigenen namens
durch jede leere birne, anzufeuern sich,
in diesem atem blank es zu verkörpern:
die ganze glut bläst jetzt in eine schale,
in einen balg sich gleissend wieder;
wie es sich weiss in dieser flamme,

um als strom jetzt ein sich kreisend,
mit einem schlag, in einem kern
so kurz wie lang zu schliessen
als licht erscheint auch sich.

Eine kleine Vor- oder Nachschule zur Ästhetik, auch der natur-gedichte.

1 Über Setzungen

Setzend, dass Menschen erscheinen und ihre Köpfe und diese – etwa zu allgemeiner Erhebung – als ein Gipfel, erscheinen damit – und um auf solcher Höhe zu bleiben – auch Bäume und ihre Gipfel als Wipfel, Kronen oder Häupter, genauso wie andererseits die so zu nennenden Dächer der Welt als Spitzen der Berge oder als Teil eines Schädels, vielleicht als dessen Decke oder auch als sein Hut oder Scheitel.
Setzend so, auf diesem Scheitel, auf solchen, höchsten wie springenden, Punkt gebracht, lässt sich der Grat als Giebel, der Giebel als Kamm erwandern, der Kamm wiederum als das, was – in Abhängigkeit von all den Ab-hängen oder Abgründen, und vielleicht um einer Art von Krönung und Überfluss willen – einen Schaum von Haaren, Gräsern oder Tropfen scheitelt.

So gesetzt also, spalten oder gabeln einander zum Beispiel diese Haupt-sachen, Kopf-stücke oder Holz-wege, um sich wieder durcheinander zu kreuzen oder fort zu pflanzen, und sie kreuzen oder pflanzen sich durcheinander fort, um einander wiederum zu spalten oder zu gabeln. Dieses ständige wilde Wechseln oder Wandern, Wirken oder Wandeln wird aber nur dann auch als wechsel-seitiges Über-setzen deutlich zu *machen*, wenn dieses Übersetzen selbst als solches gesetzt und damit sowohl wörtlich als auch tat-sächlich über-tragen wird, nämlich als Last oder Fracht auch er-tragen oder ent-setzt, und doch zugleich als das hin- oder her-gestellt, was all das zu Er-tragende oder Ent-setzliche abwägen und aufwiegen könnte. In diesem Augenblick, und dem Sprechen Fluss wie dem Fliessen Spruch, baut sich der Esel einmal die Brücke als Strom und einmal den Strom als Brücke, verknüpft also lose Reden und feste Länder gleichermassen, auf dass ihm die Spucke auch deshalb nicht wegbleibe, weil alles Wasser in seinem Maul dann in Form einer völligen Aus-sprache zusammenrinnt, wenn der Mund in die Mündung und die Mündung in den Mund über-setzt, -stellt, -geht, -läuft, -springt, und so weiter, und so weiter ...

2 Ent Sprechungen

Einerseits das setzend, was erscheint, zum Beispiel als Mensch und Kopf beziehungsweise als Gipfel, Krone und Haupt, und andererseits aus-gemacht als Übersetzung kann es – und wäre das nicht tatsächlich ein Gipfel? – selbst in solcher Höhe, auf solchem Dach einer solchen Welt, tiefe Gespräche geben: die gehen eben deshalb alle und alles an und um Sachen (Wolken oder Wörter), so gut und schön wie in den Dingen (Wörtern oder Wolken) auf, um, über und ein. So sprechen sie nicht nur über-setzend, also gleichend, sondern auch gleichsam, also ent-sprechen oder ent-setzen auch, erscheinen sich also tat-sächlich, stillen sich zum Beispiel im Verlautbaren oder lesen durch Augen gänzlich aus, aber schäumen zum Beispiel auch auf Kämmen oder wandern auf Graten. So ist das, was – auch um das Hinüber-tragen vergleichbar, aber auch unterscheidbar zu halten – sich wörtlich anders setzt oder macht, nämlich auch *über* dem jeweils *Sachlichen*, wieder nur *ein* Haken an den, nun umfassenderen, Sachen und manchmal deren Wider- oder Gegen-ständliches, ihr Wink, und also ihr sich ständig ineinander übersetzender, oder auch auseinander-setzender – zum Beispiel – verblümender (also auch fort-pflanzender) und geflügelter (also auch fort-zeugender) Reiz.

Aber das alles wohl nur dann, wenn umgekehrt, das, was sich sachlich anderes setzt, nämlich auch *unter* dem jeweils Sprechenden, wieder nur *ein* Haken an den, nun umfassenderen, Worten ist, und manchmal deren Wider- oder Tief-sinniges, ihr Wink, und also ihr sich ständig einander hinein versetzender oder auch einander ersetzender – zum Beispiel lautbarer (also auch aufblühender) und schriftbarer (also auch gefiederter) – Reiz.

So mag es kommen, dass man – immer setzend wie auch über-setzend oder über-tragend, dass Menschen erscheinen und ihre Köpfe – nicht nur auf den Gipfeln Gespräche kennt, sondern die Gespräche selbst auch Gipfel, Füsse von Bergen oder Tal-sohlen haben, wie auch alles andere, mag es nun näher oder ferner liegen oder gelegt werden.

3 Aus Legungen, An Deutungen

Setzend, dass Menschen erscheinen und Köpfe und zugleich mit dieser so aus-gemachten, sich ständig übertragenden Über-setzung wie Aus-legung, dann kann sich etwas vielfach *und* einfach und somit zum Beispiel als *Hang* erscheinen. Einerseits gesetzt oder ent-setzt, als Sache dort und dann, etwa aus Gras und Steinen oder noch anderen Haken daran, andererseits gesetzt oder ent-setzt als Drang in eine bestimmte Richtung, aus Vorlieben oder Ab-neigungen oder noch anderen Haken daran. Beides zusammen – jetzt also dieser einfache Zusammen-hang – wird aber *so* gesetzt oder ent-setzt; er mündet oder entspringt also einerseits in einem Wort, einer einzigen Überbrückung, die als Spruch doppelt fliesst oder andererseits – gesetzt, es wird so über-tragen – in einem Fluss, einem einzigen Überschäumen, das als Strom doppelt spricht.

Wie weit oder fern aber reicht diese Tat-sache, und wie nahe kann sie uns gehen oder kommen, wenn dieses Setzen oder Ent-setzen und zum Beispiel als mein Hang dazu, mein Drang danach, wie alles anzunehmen scheint, den Bergen keine Beine macht, das heisst zum Beispiel: keinen Fuss oder eben keinen Hang? Wenn, wie alles anzunehmen scheint, dieses Setzen oder Ent-setzen zum Beispiel als mein Hang dazu, mein Drang danach, auch den Tälern keine Sohlen macht?
Gesetzt, Menschen, Köpfe oder Berge erscheinen dann, wenn sie als Menschen, Köpfe, Berge gesetzt oder ent-setzt werden, müssten sie sich dann nicht auch ver-setzen lassen oder wenigstens mit meinem Hang dazu oder Drang danach, sie zu setzen oder zu entsetzen, tat-sächlich in Zusammen-hang zu bringen sein?

Und auch diese andere (oder woanders übertragene), aber mit jener zusammenzuhängende, Frage wirft sich häufig auf: Bringt mich, zum Beispiel, dieser Hang dort drüben, grün bewachsen, tatsächlich so hervor, dass es Hand und Fuss hat, wenn ich den Hang dort drüben mit meinem Hang oder Drang danach in einen einzigen Zusammen-hang bringe, in *ein* Setzen oder Ent-setzen, und wenn ich zum Beispiel den Fuss des Berges als meinen eigenen Fuss setze oder entsetze, oder auch nur den Zusammen-hang zwischen dem Fuss des Berges und meinem eigenen Fuss?
Und so laufen diese Fragen drauf hinaus: Ob es überhaupt *tatsächlich* Hand und Fuss haben kann, den eigenen Hang da drinnen in den anderen Hang dort draussen (aus Gras und Steinen) zu über-setzen oder aus-legen oder ineinander über-gehen zu lassen oder den anderen Hang dort draussen (aus Gras und Steinen) in den eigenen Hang da drinnen, so dass der Unterschied zwischen ihnen – so ab-gründig oder endgültig er auch erscheinen möge – erst das Ergebnis einer Auseinander-setzung oder -legung ist, oder auch eines Ent-setzens?

Werden solche Fragen aufgeworfen wie Hügel und mit dem so allgemeinen Hang dazu anzunehmen, dass man zum Beispiel Berge und ihre Füsse oder Täler und ihre Sohlen nicht selbst setze oder ent-setze, sondern ihr Erscheinen nur er-trage, sie also als schon festgesetzt vorfinde, während man zugleich aber annimmt, dass man jene Fragen sehr wohl selbst wie Hügel aufwerfe, nämlich mit dem so allgemeinen Hang anzunehmen, dass man zum Beispiel *diesen Hang* oder *diese Füsse* sehr wohl selbst setze oder ent-setze und ihre Über-setzung vor allem selbst über-trage, sie also nicht schon festgesetzt vorfinde, können dann die Antworten tatsächlich in jenem tiefen Sinn erhebend sein wie das, was Steine zu Felsen türmt, kann ein Gang aus Gedanken sich selbst in jenem tiefen Sinn tief eingraben wie das, was als Sohle eines Tals erscheint oder als Fuss eines Berges?

Solche Fragen *setzen* aber selbst, zum Beispiel *über* oder auch *voraus*, *legen* zum Beispiel *aus*, etwa auch, dass man sich weder selbst setzt noch ent-setzt, also zum Beispiel (für) wahr-nimmt, dass mein Fuss den Bergen keine Beine macht oder Sohlen und dass man sich sowohl selbst setzt als auch ent-setzt, also zum Beispiel (für) wahrnimmt, dass man *diese Füsse* sehr wohl selbst setzt, über-setzt oder aus-legt, dass, um hier so zu übersetzen, zwischen Setzen oder Entsetzen oder Übertragen oder Ertragen und dem, was so erscheint, dass es nicht damit zusammenzu-hängen scheint, der unüberbrückbare Abgrund eines Unterschieds herrscht und kein Esel denkbar, der tatsächlich die losen Reden als feste Länder und die festen Länder als lose Reden miteinander verknüpft.
Und also antworte ich mir: Was bedeutet es zu setzen, was das Wort *Setzen*, jetzt, da es ständig selbst über und über-tragen wird, ja als Ent-setztes erscheint? Wenn dieses Setzen für einen Augenblick zum Beispiel nicht oder kaum als eine Tat-sache, sondern

ganz oder beinahe ganz als eine Leidens-sache verstanden wird, also selbst als Ent-setzen er-tragen, dann bestünde ja das Setzen von Bergen, ihren Füssen oder auch von Tälern und ihren Sohlen eben darin, sie nicht versetzen zu können; voraus-gesetzt allerdings, dass *Ver-setzen* für einen Augenblick zum Beispiel ganz oder beinahe ganz als Tat-sache und nicht oder kaum als eine Leidens-sache verstanden wird.
Wie soll sich ein solches *Setzen* oder *Ent-setzen* dann noch von dem unterscheiden, was wir weder zu setzen, noch zu ent-setzen vermeinen, sondern als zusammen-hanglos Erschienenes einfach vorfinden wie vielleicht den Hang dort draussen oder den Hang oder den Drang dazu da drinnen?

Kann man, mit anderen Worten, so tief im Ent-setzen sein, in dem, was erscheint, dass es im Begriff ist, kein Bild zu sein und seinen, diesen Rahmen des Setzens oder Ent-setzens zu verlieren, während man aber doch auch so sehr dieser Rahmen des Setzens oder Ent-setzens sein kann, dass man im Begriff ist, das, was als kein Bild erscheint, als Bild mitsamt seinem Rahmen zu gewinnen?
Der Giebel, der Grat, der Kamm, dieser Augenblick einer Über-setzung, Über-tragung und Aus-legung, aber auch eines Er-tragens und eines Ent-setzens, in dem sich das, was man zu tun wahrnimmt (wie man die Dinge legt), und das, was man zu erleiden wahr-nimmt (wie die Dinge liegen), sowohl kreuzen als auch spalten, in dem alle und alles gerade darauf und daran sind, aus solchem höchsten und tiefsten Punkt zu springen oder auch geworfen zu werden! – Stellt sich so oder in diesem Augenblick der hohe wie der tiefe Sinn ein, das eine gipfelnd und abstürzend durch das andere und das andere durch das eine?

Gesetzt, Menschen und ihre Köpfe werden mehr er-tragen als gesetzt, so als ob man sie nicht auch selbst gezeitigt wie eingeräumt hätte: denkt man dann nicht, durch alles und jedes auch ent-setzt, im Fluss des Sprechens und wohl gemäss dem Spruch des Fliessens wenig daran, dass der *Hang zu etwas* auch als Abhang erscheinen kann und die Ab-hängigkeit sogleich Täler und Berge einschliesst und Täler und Berge zum Beispiel Gespräche als Gipfel, Täler aber Sohlen wie auch Schlüsse, Schlüsse aber Über-legungen, um nur *eine* mögliche Über-setzung zu nennen, also auf ganz bestimmte Weise zu über- oder zu er-tragen oder auch zu er-schliessen beziehungsweise erschlossen zu werden?
So lässt man also zumeist ausser acht, dass zum Beispiel der Hang (als Neigung jedes Beliebigen) auch etwas hervorrufen kann, was als dieses eine Bild, zum Beispiel als dieser eine Hang dieses einen Bergs erscheint. Ein solches Ausser-Acht-Lassen, also ein solches mehr er-tragenes Über-setzen, besteht dann darin, dass man nicht oder kaum in *einem* Bilde oder in einem anderen Ding ist, vielleicht auch nicht oder kaum in vielen Bildern oder anderen Dingen, also kein einziges dieser wahr-nehmbaren oder vor-stellbaren Dinge *als* wahr-nehmbare oder vor-stellbare vor allem selbst dreht, sondern etwas von all diesen wahrnehmbaren oder vorstellbaren Dingen so gedreht wird, dass sie einem selbst nicht deutlich als einzelne erscheinen. Mit anderen Worten: der zum Beispiel mit einem *Hang zu etwas* mitgegebene Berg von Wirksamkeiten, dieses ständige wilde Wechseln und Wandern, Wirken und Wandeln wird vor allem er-tragen, scheint mehr eine Leidens- als eine Tat-sache, wirkt als Ent-setzliches, als längst gegebener Fall, als unerkannter Um-stand, als schon Ent-standenes, das heisst: Vor-gefallenes und dann Vor-liegendes, das aber sich oder uns zu einer vor allem *all-*

gemeinen Erhebung oder Versenkung so dreht, dass vor allem der allgemeine Hang (als Neigung alles Beliebigen) übrigbleibt, als das *Allgemeine* oder *Gemeinsame* zum Beispiel dieses *Hangs dazu* oder jener *Neigung dazu*, ja schliesslich als der allgemeine oder gemeinsame Hang des, sozusagen, Dachs jedes beliebigen Dings oder jeder beliebigen Welt.

So vom *Hang zu etwas* zu sprechen, ohne sehr wirksam in *einem* ent-sprechenden Bilde oder Ding zu sein (es so wenig tatsächlich wahrzunehmen oder vorzustellen, dass es in alles mögliche andere über-setzbar oder über-tragbar ist), oder auch ohne sehr wirksam in einigen oder vielen ent-sprechenden Bildern oder Dingen zu sein, heisst also, einen Grat zu erwandern zwischen verschiedenen, ja ganz verschiedenartigen Zusammen- oder Ab-hängen beziehungsweise Ab-hängigkeiten, also von einem, sozusagen, Dach oder Gipfel aus alle möglichen Zusammen-hänge unter einem Gesichts-punkt zu betrachten, der aber als *Gesicht* nicht oder kaum auffällt und auch nicht oder kaum als *Punkt springt*. Würde zum Beispiel die *Ab-hängigkeit* nur oder vor allem als Rahmen verstanden, im Bild seiend also jeglichen beliebigen Zusammenhangs, dann würde der ganze Grat nicht tatsächlich *erwandert* oder auch nicht tatsächlich der ganze *Grat* erwandert. Es liesse sich, mit anderen Worten, jedes Ding allzu leicht als jedes andere Ding drehen, und das ständige Über-setzen, Über-tragen und Aus-legen würde kaum eingeschränkt, liesse sich nicht oder kaum im Setzen, Übertragen, Auslegen oder Erschliessen, zum Beispiel eines bestimmten Hangs (jenes hier drinnen zu etwas, oder jenes draussen aus Steinen und Gräsern), deutlich machen, das heisst: tat-sächlich betrachten. Man wäre also allzu vertraut und tief im Bild, aber im Bild des Rahmens, und dieser Rahmen würde selbst seinerseits nicht gesetzt, nicht über-tragen und ausgelegt, wäre selbst kaum eine Tat-sache, sondern würde eher unwillkürlich er-tragen, wäre selbst das Ent-setzliche oder Ent-legene, eben kaum ein Grat und auch kaum zu erwandern: Dass zum Beispiel Menschen und Gipfel so erscheinen, dass die Köpfe in Wipfel übertragen werden oder die Wipfel in Häupter oder Dächer, das wäre dann so gesagt, dass es kaum getan wäre, und zugleich so wenig getan, dass es kaum gesagt wäre.

Würde aber im Gegenteil eine, diese *Ab-hängigkeit* entweder vor allem in einem Bild oder einer anderen Sache, oder auch in einigen Bildern oder einigen anderen Sachen des Zusammenhangs zum Beispiel mit dem Hang dort draussen, aus Gräsern und Steinen, begriffen, oder aber andererseits vor allem im Bild oder einer anderen Sache oder auch in einigen Bildern oder einigen anderen Sachen des Zusammenhangs mit diesem einen Hang zu etwas hier drinnen, diesem Drang nach etwas, dann liesse sich mit diesem einen *Hang zu etwas* oder diesen, einigen *Hängen zu etwas* nicht der ganze Grat erwandern, nicht der ganze Kamm, nicht das ganze Dach der Welt sozusagen, dann liesse sich das, was jeweils begriffen wird, nicht oder nur kaum zur *allgemeinen* Erhebung oder auch Versenkung zusammen-hängen. Von diesem, einen Bild oder Ding aus, oder auch von diesen einigen Bildern oder Dingen aus, von diesem jeweiligen Berg von Wirksamkeiten oder Ab-hängigkeiten aus, in dessen Bilde oder Bildern, dessen Ding oder Dingen man zu sein sich setzt oder auslegt, liessen sich dann nicht alle anderen oder andersartigen Dinge ab-sehen, über-setzen oder über-tragen. Es könnte also kein Grat erwandert werden zwischen all den verschiedenartigen Zusammen- oder Ab-hängen beziehungsweise Abhängigkeiten, insofern der Grat vor allem als *Grat* betrachtet wird und das Erwandern vor allem als *Erwandern*. Und so würde das ständige Über-setzen, Über-tragen, Aus-legen oder Er-schliessen, das, was das eine Bild oder Ding zu *einem Bild* oder *einem Ding* macht oder einige Bilder oder Dinge zu *einigen Bildern* oder *einigen Dingen* macht, vor allem er-tragen und könnte selbst nicht mehr genug gesetzt werden, man könnte sich jeweils nur in *einer* Hinsicht oder in wenigen Hinsichten setzen und übertragen oder auslegen, zum Beispiel in diesem Hang dort draussen (aus Gras und Steinen) oder in diesem *Hang zu etwas*, als diesem Drang danach, und fände sich den meisten Zusammenhängen und dem meisten anderen gegenüber ent-setzt, fände fast alles andere beinahe ganz ent-legen. Dass zum Beispiel Menschen und Gipfel so erscheinen, dass die Köpfe in Wipfel übertragen werden oder die Wipfel in Häupter oder Dächer, das wäre dann so sehr getan oder erlitten, dass es kaum gesagt wäre, und zugleich so wenig gesagt, dass es allzu sehr getan oder erlitten wäre.

So liesse sich aber weder der Zusammen-hang von Setzen und Entsetzen tat-sächlich in diesem oder jenem bestimmten Bild oder Ding oder einigen bestimmten Bildern oder Dingen begreifen, noch der Zusammenhang zwischen diesem oder jenem bestimmten Bild oder Ding oder einigen bestimmten Bildern oder Dingen, zum Beispiel dieses *Hangs zu etwas*, mit all den verschiedenen, ja verschiedenartigen anderen Ab-hängigkeiten oder Zusammenhängen, um ihrer Gemeinsamkeit oder Allgemeinheit willen. Weder das Setzen oder Ent-setzen oder Er-tragen des einen Bildes oder Dings oder von einigen Bildern oder Dingen, noch das Setzen oder Entsetzen oder Ertragen des Rahmens für alle die Bilder oder Dinge liessen sich in jeder Hinsicht ineinander übersetzen oder aufeinander so übertragen, dass das, was damit gesagt wird, auch insofern getan wird, und das, was damit getan wird, auch insofern gesagt wird.
Aber wie soll sich dann der hohe wie tiefe Sinn erheben oder versenken, der eine gipfelnd und abstürzend durch den anderen und der andere durch den einen?

Geschieht jenes Setzen oder Ent-Setzen (zum Beispiel von Menschen, Köpfen, Gipfeln oder Wipfeln) in dem Sinn, in dem das geschieht, was es setzt oder ent-setzt? Und wenn es, wenigstens unter anderem, auch in diesem Sinn geschieht, wann geschieht es dann, wie lange braucht es und wo geschieht beziehungsweise woher kommt oder wohin geht jenes Setzen oder Ent-setzen selbst, das Gesetztes oder Ent-setztes erscheinen lässt, also zum Beispiel Menschen und Köpfe, die wiederum als ein Gipfel erscheinen können, als Wipfel oder auch als Kamm? Und wenn es geschieht, geschieht es dann nicht nur dann, wenn es *auch* schon geschehen ist, oder geschieht es nicht nur dann *da*, wenn es auch *dort* geschieht, das heisst, wenn gesetzt oder ent-setzt wird, dass es für einen Zeitraum geschieht, also wenn es eingeräumt und gezeitigt wird, so dass das Setzen oder Ent-setzen *als* Setzen oder Ent-setzen erscheint oder *als* ein Gedanke und der Gedanke zum Beispiel *als* Teil eines Gehirns, das Gehirn aber wiederum *als* Teil von allen möglichen anderen Dingen wie von Köpfen, Menschen oder Gebirgen, die wiederum aus Graten, Kämmen, Gipfeln, aber auch Wipfeln oder Kronen bestehen?

Zum Beispiel und auf diesem Gipfel, während dieses Gesprächs, antworte ich mir auch so: Wenn Setzen oder Ent-setzen bedeutet, dass eingeräumt und gezeitigt wird, und also insofern das Setzende oder Ent-setzende selbst nichts Eingeräumtes und Gezeitigtes ist, wird es nicht selbst zu einem Zeitpunkt oder mehreren Zeitpunkten gesetzt oder ent-setzt oder an einem Ort oder mehreren Orten. So erscheint aber das, was setzt oder über-setzt oder überträgt oder auslegt, oder auch das, was etwas als ent-setzt oder ent-legen setzt, nicht oder nicht zu diesem oder jenem Zeitpunkt oder an diesem oder jenem Ort. So gesetzt wie über-setzt oder über-tragen oder ent-setzt, auf diesen Scheitel, auf solchen höchsten wie springenden Punkt gebracht, da der Grat *hier* oder *jetzt* oder *da* oder *dann* zum Gipfel wird, der *dann* und *dort* zum Giebel geworden war, während er einmal oder manchmal *damals* oder *dort drüben* zum Kamm geworden sein wird, ist das, was setzt oder ent-setzt, jener springende, aber auch fliehende, nämlich immer unendlich über-tragende oder über-setzende Punkt, das, was, insofern es sich nicht eingeräumt und gezeitigt hat, das ist, was sich auch nicht einräumen und zeitigen wird, und das, was, insofern es sich nicht einräumen und zeitigen wird, das ist, was sich nicht eingeräumt und gezeitigt hat, das also, was, insofern es sich weder einräumen noch zeitigen wird, noch sich eingeräumt und gezeitigt hat, niemals, also *nicht* geschieht.

Diese Dar-stellung oder -legung wirft aber wiederum, und auch zu allgemeiner Erhebung oder Versenkung, alles mögliche auf: Fragen als Hügel oder Unterschiede als Abgründe oder Abgründe als Ähnlichkeiten, eine ganze Kette von Sprüchen und Widersprüchen, von scheidenden oder sich kreuzenden Wegen, einen ganzen Berg von Wirksamkeiten, ein ständiges Wandern, Wirken und Wandeln und zum Beispiel dieses: In dem Augenblick, in dem, so wie hier und jetzt, das Setzen *als* Setzen begriffen wird oder das Ent-setzen *als* Ent-setzen, wird da nicht etwas eingeräumt und gezeitigt, wird das Setzen oder Ent-setzen da nicht zu etwas anderem, das *dann* oder *dort* geschieht, eben zu etwas, das zum Beispiel als *Punkt* erscheint, als Scheitel, und als etwas, das *springt*? Mit anderen Worten: Dieses Setzen oder Ent-setzen, das hier, zum Beispiel in diesem Satz, oder zum Beispiel auch dort, wo Bäume oder sonst irgendwelche Dinge gesetzt oder ent-setzt werden, ab- oder zusammen-hängt, ist in diesem Augenblick selbst Gesetztes oder Ent-setztes: als Wort, als Bild, als Tat- oder Leidens-sache, als

Hang zu etwas, oder als bestimmte Ab-hängigkeit, als etwas, das, in dem Augenblick oder an dem Ort, da es gedacht wird, ein Wort, ein Bild und einen Rahmen annimmt und damit sogleich eine unabsehbare oder auch unendliche Reihe von weiteren Worten, Bildern oder Rahmen, einen Zusammenhang von Abhängigkeiten, einen Berg von Wirksamkeiten, ein wildes Wechseln, Wandern oder Wandeln.

Vom *Setzen* oder *Ent-setzen* zu sprechen, an das Setzen oder Ent-setzen zu denken, heisst auch über-setzt oder über-tragen werden, heisst ja schon mitten in einem Aus-legen zu sein, heisst also zum Beispiel auch ent-sprechen, also gleichsam zu sprechen, so wie der Hang dort drüben oder draussen oder da drinnen gleichsam spricht, während das Sprechen ja auch insofern ab-hängt oder ab-gründig ist, als es Ab-hänge oder Hänge zu verschiedenen Dingen oder Ab-gründe oder Gründe für verschiedene Sachen enthält, und auch (wenn auch nicht immer ausschliesslich) seine eigene Art hat, von dem Ganzen, zum Beispiel von dem ganzen Ding oder der ganzen Sache, gedreht oder gewendet zu werden.

Kann aber das, was setzt oder ent-setzt, auch selbst als Gesetztes oder Ent-setztes erscheinen, wenn es das ist, was, insofern es setzt oder ent-setzt, nämlich einräumt und zeitigt, kein Punkt ist, nicht springt, noch ein Scheitel ist, selbst weder Eingeräumtes noch Gezeitigtes ist, kann es dann selbst als Übersetzung oder Übertragung erscheinen, so wie Menschen erscheinen und ihre Köpfe und diese – etwa zu allgemeiner Erhebung oder Versenkung – als Gipfel oder als so zu nennende Dächer der Welt? Kann das, was zum Beispiel den springenden oder scheitelnden Punkt als das, was springt und scheitelt und ein Punkt ist, setzt oder ent-setzt, selbst als etwas, das springt, scheitelt und ein Punkt ist, erscheinen? Kann also das selbst erscheinen, was alles selbst setzt oder ent-setzt und dem insofern nichts entspricht, das insofern nicht *etwas*

ist, das übertragen oder übersetzt wird, also das, was nur gleichsam *das* oder *etwas* ist, wenn man es selbst als Ent-sprechendes oder Übertragenes oder Übersetztes einräumt und zeitigt, so als könnten das, was setzt oder ent-setzt, und das, was es setzt oder ent-setzt, einander auf eine einzige Spitze, auf ein einziges sprechendes Gipfeln treiben?
Die Fragen zum Beispiel, antworte ich mir hier, werfen sich auf wie Hügel, treiben einander auf Spitzen, lassen Grate erwandern so wie die Antworten, die den Hang dazu haben oder ab-gründig sind, aber auch ab-hängig, wenn auch widersprüchlicherweise unter, über anderem auch davon, dass man sie auch als unabhängig und grund-los setzen oder ent-setzen kann, wenn man sie so setzt oder ent-setzt, dass durch sie alles andere als Gesetztes oder Ent-setztes erscheint.

Nimmt man nun an, dass das, was setzt oder ent-setzt, selbst als Gesetztes oder Ent-setztes erscheint (als etwas, was das und dem Setzen oder Ent-setzen selbst ent-spricht), dann erscheint auch das, was damals als Gesetztes oder Ent-setztes erschienen ist, zum Beispiel im Zusammen-hang eines Kopfs, Wipfels oder Gipfels oder auch im Zusammen-hang eines Giebels, Kamms oder Grats *auch* (wenn auch nicht ausschließlich) in dem, was als Gesetztes oder Ent-setztes erscheinen wird, zum Beispiel auch in Form eines Kopfs, Wipfels oder Gipfels. Mit anderen Worten: Insofern das Setzen oder Ent-setzen selbst als Gesetztes oder Ent-setztes erscheint, überträgt oder übersetzt sich der springende, fliehende Punkt so in Eingeräumtes beziehungsweise Gezeitigtes, dass alles Eingeräumte beziehungsweise Gezeitigte selbst aufeinander übertragbar wird, insofern, als im Zusammenhang jedes Eingeräumten beziehungsweise Gezeitigten das Setzen *als* Gesetztes erscheint oder das Ent-setzen *als* Ent-setztes. Insofern also das Setzen oder Ent-setzen selbst auch als ein Ding unter anderen Dingen erscheinen kann, das sich selbst gerade dadurch dreht oder wendet, dass es auch von anderen Dingen gedreht oder gewendet wird, die genausosehr ihm entsprechen können wie es ihnen, können auch alle eingeräumten bzw. gezeitigten Dinge nicht nur *als* Setzen oder Ent-setzen erscheinen, sondern einander auch gleich-gesetzt oder gleich-ent-setzt werden.

Insofern jedoch das, was setzt, nicht selbst geschehen *muss*, aber selbst geschehen oder selbst ent-sprechen *kann*, insofern es nicht selbst etwas Eingeräumtes oder Gezeitigtes sein *muss*, kann von jenem springenden oder scheitelnden Punkt aus (also von dem aus, was setzt oder ent-setzt) das, was von hier aus und von jetzt aus (also *so* eingeräumt und gezeitigt) in der Zukunft oder *dort drüben* (zum Beispiel in der Ferne) erscheint bzw. geschieht, also eingeräumt und gezeitigt wird, und zum Beispiel ein Kamm oder Grat ist oder ein Gipfel (das, was also dem, was sich hier und jetzt so und so einräumt oder zeitigt, erst zukommen wird), so geschehen (so gesetzt oder ent-setzt werden), dass es früher als das geschieht, was von hier aus und von jetzt aus in der Vergangenheit oder *dort drüben* (zum Beispiel in der Ferne) geschehen ist; während das, was von hier aus und von jetzt aus in der Vergangenheit oder *dort drüben* (zum Beispiel in der Ferne) geschehen ist, von jenem springenden, fliehenden oder scheitelnden Punkt aus, von dem aus, was setzt oder ent-setzt, so geschehen kann (so gesetzt werden kann), dass es von hier aus und von jetzt aus später als das geschieht, was von hier und jetzt aus in der Zukunft geschieht.
Und wenn es sowohl so sein kann, dass dieses Setzen oder Entsetzen nicht selbst *als* Setzen oder Ent-setzen erscheint beziehungsweise geschieht, als auch so, dass es erscheint bzw. geschieht (also sich selbst einräumt und zeitigt), dann kann dieses Setzen oder Ent-setzen, dieser springende Punkt, der sowohl als

springender Punkt setzt (auch sich selbst), als auch als *springender Punkt* etwas Gesetztes oder Ent-setztes ist, genau diese Sprache sein, die einerseits gezeitigt und eingeräumt ist (zum Beispiel geschrieben oder gelesen wird, also so erscheint, wie Menschen erscheinen und ihre Köpfe oder sonst irgendetwas) und andererseits selbst einräumt und zeitigt, also nicht so erscheint, wie zum Beispiel Menschen oder ihre Köpfe oder sonst irgendetwas: Insofern jetzt und hier auch diese Sprache geschrieben und gelesen wird, ist sie selbst Eingeräumtes und Gezeitigtes, also Gesetztes oder Ent-setztes, insofern diese Sprache aber setzt oder ent-setzt, dass sie oder irgendetwas Eingeräumtes oder Gezeitigtes ist, ist sie genau das, was das, was *als* springender oder scheitelnder Punkt und von hier und jetzt aus (zum Beispiel von diesem eingeräumten und gezeitigten Schreiben oder Lesen aus) und damit in der Zukunft oder *dort drüben* erscheint beziehungsweise geschieht (und zum Beispiel ein Kamm oder Grat ist oder ein Gipfel), so setzen oder ent-setzen kann, dass es schon früher als das geschieht, was von hier und jetzt aus (zum Beispiel von diesem eingeräumten und gezeitigten Schreiben aus) als Vergangenes erscheint oder *dort drüben* geschehen ist. Und es ist auch zum Beispiel diese Sprache, die das, was von hier oder jetzt aus (zum Beispiel von diesem eingeräumten und gezeitigten Schreiben oder Lesen aus) als Vergangenes erscheint oder *dort drüben* geschehen ist, so setzen oder ent-setzen kann, dass es erst später als das geschieht, was von hier und jetzt aus (zum Beispiel von diesem eingeräumten und gezeitigten Schreiben oder Lesen aus) in der Zukunft oder *dort drüben* erscheint beziehungsweise geschieht ...

Dieser springende, scheitelnde Punkt also, der einerseits sich selbst setzt oder ent-setzt, und andererseits eben als *Punkt* und etwas, das *springt* und *scheitelt*, als Gesetztes oder Ent-setztes erscheint (und damit auch als etwas Ent-setztes gesetzt wird), kann insofern auch jener des Dichtens oder des Gedichts genannt werden, als hier und jetzt dieses Schreiben oder Lesen als Sprache gesetzt oder ent-setzt wird, also als eine bestimmte Weise, das, was hier und jetzt geschieht, dieses ständige wilde Wechseln, Wandern oder Wandeln, zu übersetzen, zu übertragen oder auszulegen: Das, was setzt oder ent-setzt, verdichtet sich einerseits zu diesem als Schreiben oder Lesen Gesetzten oder Ent-setzten (zum Beispiel zu jenem Kopf oder Gipfel oder Grat oder Kamm oder zu dem, was gewesen ist, und zu dem, was sein wird), und andererseits verflüchtigt sich dieses als Schreiben oder Lesen Gesetzte oder Ent-setzte (zum Beispiel dieses Schreiben oder Lesen oder jener Gipfel oder Grat oder Kamm oder Kopf; aber auch das, was hier und jetzt ist, wie auch das, was irgendwo gewesen ist oder irgendwo sein wird) zu dem, was setzt oder ent-setzt.

gedichte

drei körper

lagen

ich ging dem fallen, laufend, auf den grund.
du liegst, bestürzt, am boden meinen stücken,
dass wir uns legen aus durch diesen schlund,

der dich so an setzt – mich, so aus zu drücken,
ein hält: du gehst dem steigen so zur hand,
ich ruhte, schwebend, über deinen lücken,

dass wir uns stellen aus auf dieser wand,
die mir so auf fiel – dich, so ein zu greifen,
auf schloss: ich baue, gleitend, auf dem sand,

du stillst, so springend, mir dies schweifen,
dass wir uns nahmen ein durch solches drehen,
das uns sich ab läuft – mir, so an zu streifen,

vor kommt: du fusst, so tanzend, auf dem stehen,
ich wandte, tastend, finger dir im mund,
dass wir uns schwingen auf noch im ausgehen:

kreuzung

ich bin mir hingestreckt bis in die spitzen
der finger, ihr setzt mich voraus im stand,
euch auf zu heben; ich, euch aus zu sitzen,

bin mir so schwebend vor, bis zum rand
der nägel eingefallen hier; aus legt
ihr euch in dem begriff, mich in der hand

zu haben: mich ein zu begreifen, regt
ihr auf euch, in den drang dies stürzt, in fluss
zu bleiben: still gewandt bin ich, das trägt

ans ende eurer sohle; vor den fuss
ihr stellt mich, in dem hang mich an zu passen
so eurem schwund, nicht abzugehen zum schluss

euch selbst, beruhigt ihr mich: für aus gelassen
mich zu belaufen, werden wir genannt,
um uns enthaltend, dies im schwung zu fassen:

kreis-lauf

ich liege auf dem rücken mir zu grund:
wie dir hebst du den finger auf zu rühren,
dass wir zu setzen an uns einen mund?:

uns steht es an zu zeigen, wie wir türen
mir auf zu richten wenden dieser lage;
dem gehen schritt ich an uns, selbst zu führen,

das tor um deinen tritt uns reissend sage,
wie mir der weg auf steigt zu deinem land,
dass ich uns kommend über dieses trage:

legst du uns aus dem drehen diese hand,
wie solche bahn mir fällt dir zu begreifen,
packst mir aus unsrer schwelle diese wand,

dich auf zu fangen stützend unser schweifen:
dass ich mir unter laufend dich so leite,
zeichnet es ein zu packen; wie wir streifen,

aus uns dem rahmen stürzt das meiner weite,
dass ein mir lippen schliessend sinkt zum schlund:
fügst du zu ruhen ein dir diese seite?:

die ganze tafel

vage waage 1

so sehr wir zu gefallen uns,
nimmt es sich ein
für diesen schönen sturz:
solcher festung neigend zu,
war vorgeworfen ich
euch zuzustehen, gelegentlich
jetzt wehend durch den ganzen vorgang:
dass auch der andere leib
sich so ereignend abhielt mir,
was in fragen uns geschickt,
die nachgesehen wie anzustellen,
an diesem bild es merkend,
du dich selbst dir ausgibst:

ihr euch einzugeben unsres habt,
fest haltend es mit diesem schild,
das vorgestellt, doch absichtlich,
in solcher ankunft dir zur antwort,
ich, mich hindernd, halte ein so,
für den gleichen körper aufzuwerfen:
dass schmerzend in dem zustand ihr,
mich sondernd aus, uns nahgelegt doch,
hier in solcher losung vorzuziehen,
dies bestürzend absetzt:
das scheidet aus, so zu erfreuen,
nehmen vor wir hier uns ganz,
so sehr es auf sich selbst fiel.

vage waage 2

so sehr wir so gefahren durch uns,
gibt es sich ab mit
seiner schönen reise schreck:
dem ganzen wagen greifend an,
war ausgezogen ich,
absichtlich zu zu kommen euch,
engend ein den ablauf:
dass durch das andere kleid
sich auch da bleibend aufhielt mir,
was gezielt berührung hat,
die darauf anzulegen anfällig,
aus dieser scheibe deutend,
du dich selbst dir ankommst:

ihr euch auszukommen eures habt,
wägend so auf dieser schneide,
die, ausgelegt, doch angefallen,
in solchen pfeilen euch,
begrenzend ich mir halte aus auch,
für das gewand das gleiche abzuziehen:
dass ängstigend in aussicht
du herumgeschlagen dir auch abzusehen,
anzutun ganz in bewegung,
abschreckend ausgesprungen:
das stattet aus sich zu entsetzen,
geben bei wir hier uns,
so sehr es aus sich selbst fuhr.

vage waage 3

so sehr gehalten wir an uns,
füllt es sich aus mit
seiner schönen dauer raum:
der ganzen tafel teilend aus,
war eingedeckt so ich,
ausgiebig aufzunehmen euch,
verwundert durch den andrang:
dass durch den anderen laib
sich auf da treibend anschnitt mir,
was gestillt die streuung hat,
die anzurichten einfältig,
in dieser schale innen haltend,
du dich selbst dir aufträgst:

ihr euch einzutragen eures habt,
so veräussernd dieses messer,
das zu gefallen, doch eingerichtet,
in solchem krümel rührend euch
anklingen schneidet ab mir,
für den tropfen gleiches aufzudecken:
dass verwundet mit dem einspruch,
du eingedrungen dir auch auszugeben,
angeeignet in enthaltung,
aus mahlend ausgesonnen:
das fliesst ein, sich ein zu nehmen,
füllen wir uns ab hier,
so sehr es in sich selbst hielt.

der ganze ort

dies verschwistern ähnelt dem im fleisch,
was das scheiden durch enthalten so befruchtet,
wie solches zeugnis sich entbunden teilt mit dem,
was im gleichen sich auch leert ganz brüderlich:

ach, dass alle meine freundschaft ist verwandt
den lücken, die damit schwanger über gehen sich,
obwohl auch dies verschränken zwischen räumen
trennt sich nicht von solcher gattung:

das entsprechen ist als schwester, bruder,
was durch das kreuzen hier verbindet sich
mit dem, was im verwaisen so sich einverleibt,
wie das entbehren jetzt umarmt, was doch empfängt:

einsam werde ich entzweit durch dies versöhnen mir,
zwischen einer solchen öffnung leib,
und aller körper arten ledig so vereint,
dass diese pause, fehlend,
was über ein sich stimmt,
mit dem stillen paart,
um mich mir zu
zu trauen?

der ganze stamm

wenn mir, so zu umfassen, dieses schöne paaren
befreundet lebend dich mit all dem zeug,
wo solche neigung scheidet uns begeistert auch
von dem verschwistern mit der ganzen trennung,

dann die ergänzung solcher kinder im vermischen,
entbindet dennoch mich auch unverwandt dir,
dass entzweit uns dies geschlecht versöhne,
wenn ich, so sehr enthalten nachzukommen dir,
sachlich gehe uns in dieser gattung schwanger vor:

mir schliessend aus, teilt es trotzdem stillen zu,
so gut vereinigt ahnen zu bedingen dir,
dass solche eintracht uns vermehrt zu zwist auch dann,
wenn mir der gegenstand, so ganz vertraut dich,
durch verschmerzen aller eltern uns zu fruchten:

wo solch verbrüdern mit dem streiten sich verzückt,
dir kreuzt durch eigenen empfang den abstand mir,
dass einsam die gestalt verwaisend uns entsteht,
wenn wir, so bös umarmt, verjubeln doch in aller art es.

das ganze glas

verschwistert klingend sich mit dem,
was überströmend anfängt, eins,
das im entschwinden sich jetzt teilt,
streitend plötzlich um den löwenhaften ort,

dann übergeht die stelle tapfer tauschend sich
in das, was so zu mehren, dies verbrüdert
jetzt mit dem verwaisen jeder pracht am ende:

wie durch breschen fort zu tönen,
dies bezeugen sich von dem entbindet,
was ähnelnd zu berauschen sich versiegt,
wenn dies verweisen das so öffnet,
was im verwinden sich jetzt traut,
mit solcher bleibe prunkvoll platzend
hier zu dieser ganzen art und mündung!

ach, in dem mövenhaften wort so über schäumend mich,
dass dies schwanen stimmt dich über ein
in dem entsprechen, das sich selbst entzweit:
dass ein anderes gleichen jetzt einfliesst
in das, was sich entehrt und doch empfängt,
so unverwandt zu landen diese gattung.

ob solcher schwall mit jenem maul
mit unter damit schwanger geht mir so,
wie die gestalt uns einzuleuchten braut,

in allem glanz versöhnt mit dem,
was, nun gestillt, sich dennoch selbst enthält?

der ganze tisch

vorzuzeigen auf ein mahl,
strebt es so im wieder holen,
sich auslöffelnd unternommen
im ausscheiden aufgetischt zu werden,
wie ich, stillend, mich enthalte,
euch gelehrt zu übergeben uns,
dass es heraus zu stellen sättigt das,
wenn wir, mich verfügend selbst,
werden durch den ganzen laib verdingt:

es verschlingt sich dieser ganze leib,
wenn ich, durch uns selbst bestimmt,
dass hinein es zu versetzen hungert,
uns unterkomme so geleert durch euch;
– wie ich, wollend, werde mir entzogen,
sich selbst abzuräumen im verschlucken,
überlässt es sich aufgabelnd,
im wider hohlen erlitten so zu werden,
auf ein mal das aufzuessen.

die ganze tafel

dies mahl verschlungen
in das zeichen jetzt und gut,
zu wahren wird verzehren sich,
mit der anderen saite wert:
wie das gleiche blatt
entzweit ich hier ausspucke,
für den ganzen leib so einzunehmen:

auch rührend so in jedem ton dies stillen,
was braut, umarmt gewagt das;
laut dem heissen uns zu lehmen,
kosten dergestalt wir teuer,
zu lähmen kraft dem nennen all die erden;
dass enthalten sich dies traut,
erstarren auch in jedem klang bewegend:

der laib bleibt zu ergänzen so,
wie du vereint hier speist,
zu gefallen dieser andern seite;
gleich währt es mit dem bogen
und durch waren hat gestärkt:
es wird entbinden sich der wink,
nun dies mal zu zeigen schön.

(f)laute

von der weite bis zur leere ausgespannt
klatscht, so leer, die lehre ihre botschaft ab,
um so mehr das hohe meer
in die hohle see fliesst:
ach, um um ein haar die feder
für ein haar zu halten
(so lange wie vom selben bis zum gleichen),
teilt die mitte sich
der flut, der flucht der ränder,
um sich damit, wieder hallend, mitzuteilen:

das, was hergeschifft so ein boot schafft,
fischt nicht nur
(jeder laut aus lauten ist),
was von dem schwanken der lehren
in die leere des wankens schaukelt,
sondern sei auch von der see der lehre des schaukelns
in das wanken des meeres der leere geschwankt;
denn beinahe fast, um ein haar, wäre das
um so mehr die pause, die,
sich ausposaunend,
die stille paust durch solche ruhe:

von der ferne bis zur leere, so genannt,
tratscht so sehr die botschaft ihre weite ab,
winkt die schwinge auf die flügel
(manche töne sind aus ton),

dass die schiffe, ausgebootet, wiederholen,
wie das selbe solcher haare fast
das gleiche aller federn fasst:
ja, die nachricht richtet sich
nach der flucht des flutens, ohne ränder:
wie das den trank ersäuft!
– durch alle löcher fliessen alle lücken ab,
den wiederhall so wieder gebend:
»ich bin die fremde, deutend,
dass sie deutet, dass sie deutet.«

inhalt

gedichte

Franz Josef Czernin, geboren 1952 in Wien, veröffentlicht seit 1978 Prosa, Lyrik, Essays und Aphorismen; u. a. *Die Kunst des Sonetts* (1985), *Sechs tote Dichter. Aufsätze zur Literatur* (1992), *Die Aphorismen* (1992), *Gedichte. Aus: die Kunst des Dichtens* (1992), *Die Kunst des Sonetts, Teil 2 und Teil 3* (1993), *Marcel Reich-Ranicki. Eine Kritik* (1995).